Phórminx

Luciano Siani

Il clarinetto nella letteratura cameristica romantica tra Schumann e Brahms

Accademia Filarmonica Mediterranea

Il clarinetto nella letteratura cameristica
romantica tra
Schumann e Brahms

Collana: *Phórminx*
Autore: Luciano Siani

ISBN: 979-12-80708-06-9

Luglio 2021

A mio Nonno Antonio,

che mi ha fatto scoprire

il meraviglioso mondo della musica.

Indice

9 *Introduzione*

Il clarinetto nella letteratura cameristica romantica tra Schumann e Brahms

11 **I. Il clarinetto nel XIX secolo**

14 **II. Schumann e i *Fantasiestücke* per clarinetto e pianoforte op. 73**

14 1. La produzione e la poetica schumaniana
18 2. La *Hausmusik* nella cultura tedesca di metà Ottocento
20 3. Analisi dei *Fantasiestücke* per clarinetto e pianoforte op. 73

24 **III. Brahms e la *Sonata* in mi bemolle maggiore per clarinetto e pianoforte op. 120 n. 2**

24 1. La produzione e la poetica musicale brahmsiana
27 2. Il ruolo del clarinetto nella produzione cameristica brahmsiana
29 3. Analisi della *Sonata* in mi bemolle maggiore per clarinetto e pianoforte op. 120 n. 2

32 Conclusioni

34 Ringraziamenti

35 Bibliografia

Introduzione

Il seguente elaborato si propone come un lavoro di ricerca sulla produzione cameristica romantica per clarinetto nell'opera di Robert Schumann e Johannes Brahms.

A partire da una valutazione del contesto storico-artistico e dei parametri estetici si prenderanno in analisi le produzioni di queste due personalità cardine del panorama romantico facendo particolare riferimento ai *Fantasiestücke* per clarinetto e pianoforte op. 73 di Robert Schumann e alla *Sonata in mi bemolle maggiore* per clarinetto e pianoforte op.120 n.2 di Johannes Brahms, due opere di rara intensità lirica ed espressiva.

La ratio di fondo del presente lavoro consiste quindi nello studio di questi due capolavori in un'ottica ampia e comparativa. Si è cercato infine di individuare, attraverso uno sguardo attento alle fonti extramusicali, i principi cardine ed i presupposti artistico-filosofici del pensiero musicale romantico.

I. Il clarinetto nel XIX secolo

Nonostante risalgano al XVIII secolo alcune delle pagine più rilevanti della letteratura clarinettistica (si riconosca nel *Concerto per clarinetto e orchestra K622* di W.A. Mozart uno degli esempi più alti), il clarinetto affermò definitivamente il suo ruolo in ambito solistico, sinfonico e cameristico solo nel XIX secolo, arrivando a sviluppare la totalità delle sue doti espressive nella prima metà del Novecento. Introdotto nella formazione orchestrale dalla scuola di Mannheim, il clarinetto venne presto impiegato per la sua capacità di amalgamarsi con altri strumenti, sia per intensificare il suono, sia per conferire ai singoli timbri una peculiare brunitura.[1]

Per inquadrare storicamente lo strumento, ne presento un breve excursus citando Paone:

> Nel 1700, Johann Christian Denner, un artigiano di Norimberga, diede vita al clarinetto. Si è sempre dibattuto sulla natura inventiva o innovativa dell'opera di Denner, dato che rudimentali strumenti ad ancia semplice esistevano da secoli; in particolare si è spesso considerato il clarinetto come diretto discendente dello chalumeau, strumento medioevale ad ancia semplice battente. In realtà, per l'acustica stessa del clarinetto di Denner, diversa da quella degli strumenti precedenti ma molto simile a quella dei clarinetti attuali, nonostante le dovute modifiche meccaniche operate da svariati artigiani fino ai giorni nostri, sono portato ad affermare che quella dell'artigiano di Norimberga sia stata una vera e propria invenzione, semmai stimolata dagli strumenti fino ad allora esistenti.
>
> Il lavoro di perfezionamento dello strumento fu proseguito dai figli di Denner, che innestarono nel clarinetto le prime due chiavi. Rircordiamo in particolare Jacob Denner: egli completò l'estensione del clarinetto, il quale difettava del Si naturale della seconda ottava, ottenibile solo facendo calare il Do con le labbra. Poiché il clarinetto ottiene, a causa della quasi totale assenza degli armonici pari, suoni una più acuti di una dodicesima attraverso l'apertura del foro del portavoce, Denner smise di cercare il Si naturale attraverso fori più in alto del Sib, ma lo trovò aumentando l'estensione dello strumento verso il basso di un semitono. Ottenne in questo modo il Mi basso, che, attraverso l'apertura del portavoce diventava il Si della seconda ottava.
>
> Tralasciando le svariate innovazioni tecniche che si ebbero nel frattempo, giungiamo ad uno dei passi fondamentali nello sviluppo dello strumento: il cla-

[1] Lo stesso Mozart scoprì ed apprezzò le notevoli peculiarità del clarinetto nel contesto musicale di Mannheim: "se anche noi avessimo due clarinetti..." scriveva Wolfgang al padre in una lettera in cui descrive con entusiasmo il livello eccellente dell'orchestra della città tedesca.

rinetto omnitonico di Ivan Müller, primo strumento in grado, almeno in teoria, di suonare in tutte le tonalità. Il suo clarinetto prevedeva tredici chiavi, ma la vera genialità della sua opera era il modo in cui esse erano state costruite, collocate, disposte sul foro e rivestite. Questo rappresentava il progresso più significativo dai tempi di Denner. Nel 1812 Müller presentò il suo clarinetto all'esame della commisione del conservatorio di Parigi, ma lo strumento venne incredibilmente rifiutato: la motivazione fu che, essendo il nuovo clarinetto in grado di suonare in tutte le tonalità, avrebbe portato al disuso dei vari strumenti tagliati in tonalità diverse, e dunque alla perdita dei timbri peculiari di ciascuno strumento.

Dal momento che Müller era un gran virtuoso, lo strumento si diffuse lo stesso grazie al successo che ottenne il musicista. Da questo strumento si ebbe una diramazione che portò allo sviluppo parallelo di due sistemi: il sistema Klosé, detto comunemente, ma impropriamente, Böhm, ed il sistema öhler.

Klosé applicò il principio che Böhm aveva applicato alla costruzione del flauto: entrambi innestarono una serie di chiavi ad anello. Esse mettevano in azione altre chiavi che coprivano uno o più fori diversi ad una certa distanza, permettendo alle dita di chiudere dei fori ben oltre la loro portata naturale, senza che per questo si fosse costretti a rimpicciolire o avvicinare questi fori per adeguarli alla struttura della mano. Il numero delle chiavi dello strumento di Klosé era lo stesso della maggioranza di quelli in uso oggi: 17 chiavi e 6 anelli aiutano le mani a controllare ben 24 fori.

Nel mondo germanico, invece, si seguì una strada parallela per migliorare la meccanica, l'intonazione e lo sfogo di alcune note del clarinetto di Müller. Carl Bärmann, grande virtuoso ed insegnante, si adoperò in questo senso: in effetti, proprio il suo strumento fu quello suonato per anni da Richard Mülfeld, il grande clarinettista che ispirò Brahms per i suoi ispirati quintetti, trii e per le due sonate. In seguito, con Robert Stark ed, infine, con Oskar öhler, si giunse al moderno clarinetto tedesco, che combinava certi vantaggi del sistema Böhm con quelli del sistema Müller. Il meccanismo di öhler risulta molto più complesso di quello di Klosé ed anche più funzionale acusticamente, dato che elimina le note a forchetta (nota la cui diteggiatura forza la colonna d'aria a uscire da due fori, con un dito che forza il più basso dei due all'azione, mentre l'acustica richiederebbe altrimenti), facendo sì che il dito "colpevole" azioni una chiave collegata ad un foro laterale, posizionato in maniera tale da suonare come se la nota non fosse a forchetta. A Londra, Geoffrey Acton applicò questo sistema al clarinetto Klosé con grande successo.[2]

Grazie specialmente agli interventi di Ivan Müller ed Hyacinthe Eléonore Klosé, il clarinetto che ereditarono le generazioni romantiche era ormai uno strumento strutturato e tecnicamente solido, autonomo dai modelli precedenti di chalumeau barocco e soprattutto in grado di

---

[2] G.M. Paone, *L'uso del clarinetto nell'opera seria di Rossini nel periodo napoletano*, Edizioni Efesto, Roma, 2018, pp. 17-20.

suonare in tutte le tonalità. Ciò permise al clarinetto, anche a seguito dell'adozione del sistema Böhm, di emettere allo stesso tempo un'estesa e variopinta gamma di timbri e colori. È quindi nell'ambito del primo romanticismo che il clarinetto acquisì progressivamente uno spazio sempre più da protagonista all'interno della compagine orchestrale: sia sufficiente ricordare la drammatica ouverture del *Freischütz* di Carl Maria von Weber (che ebbe particolarmente caro il clarinetto) o anche gli interventi nella Sinfonia Incompiuta di Franz Schubert, con particolare riferimento al poetico secondo tempo. L'affermarsi di numerosi musicisti virtuosi dello strumento incrementò inoltre notevolmente la produzione solistica clarinettistica. Vale ricordare a tale proposito le composizioni del già citato C. M. von Weber, il quale scrisse per clarinetto solista due *Concerti* e un *Concertino*; o anche la produzione di Louis Spohr, ricordando i quattro *Concerti* per clarinetto e orchestra nonché altre composizioni minori. Possiamo però affermare che, come si vedrà in seguito, le potenzialità espressive del clarinetto trovarono ampio terreno fertile nella produzione cameristica romantica. È in questa dimensione ridotta, spesso legata al contesto domestico (vedi Cap. 2 par. 2.2), che l'interesse del compositore si focalizza primariamente sulla ricerca timbrica e coloristica di ogni singolo strumento, giungendo a cogliere un ampio spettro di sfumature e potenzialità sonore. In questo senso la produzione cameristica romantica per clarinetto rappresenta una delle pagine più interessanti e stimolanti. Nella prima metà dell'ottocento è doveroso citare il *Gran Quintetto* op. 34 in sib magg. di C. M. von Weber, memore della lezione del prezioso *Quintetto* con clarinetto in la magg. KV 581 di W.A. Mozart. Sempre nell'ambito delle composizioni per clarinetto e quartetto d'archi è indispensabile nominare il *Quintetto* op. 115 in si min. di Johannes Brahms, il quale, oltre al *Trio* Op. 114 in la min., scriverà nella fase finale della sua vita due Sonate per clarinetto e pianoforte (vedi Cap. 3 par. 3.3). Per poter ampliare e chiudere questo quadro parziale delle composizioni cameristiche romantiche per clarinetto è necessario ancora ricordare i *Märchenerzählungen* Op. 132 nonché i *Fantasiestücke* Op.73 di Robert Schumann, pagine di raffinato dialogo strumentale, del quale si tratterà approfonditamente nel prossimo capitolo.

II. Schumann e i *Fantasiestücke* per clarinetto e pianoforte op. 73

1. La produzione e la poetica schumaniana

Più volte l'Ottocento è stato definito "il secolo della musica" conferendo a quest'ultima un posto di primaria importanza nella cultura romantica. Fino agli ultimi anni del XVIII secolo, la musica ricopriva una funzione in buona parte utilitaristica e ricreativa; la vita del musicista era infatti quella di uno stipendiato come altri alla corte dei reali, presso famiglie nobili o chiese locali e suo dovere era quello di scrivere musica per accompagnare la vita quotidiana ed allietare momenti di festa o di cerimonie religiose. È quindi chiaro che la musica fosse perlopiù priva di una dimensione autonoma. Sebbene il melodramma venisse considerato uno spettacolo autonomo dove comunque la musica era subordinata alla poesia, la musica cosiddetta strumentale, di natura asemantica, non venne presa in grande considerazione.[3]

È proprio questa sua peculiare caratteristica, l'asemanticità, che portò la musica al centro della riflessione estetica romantica. Non potendo comunicare al pari del comune linguaggio verbale, la musica rappresentò la via utile per esprimere l'indicibile, assumendo così un ruolo fondamentale nella comprensione di una realtà profonda e non accessibile a qualsiasi tipo di espressione linguistica. In tal senso la musica strumentale, in quanto priva di ogni riferimento semantico e concettuale, divenne il genere espressivo prediletto da buona parte della generazione romantica. La musica arriva ad assumere quindi un carattere "sacro". Il giovane poeta intellettuale Wilhelm Heinrich Wackenroder (1773-1798) così sintetizzò nella sua opera *Fantasia sull'arte di un monaco amante dell'arte*, carica di un'entusiasta retorica: "La musica dipinge dei sentimenti umani in maniera sovraumana perché parla un linguaggio che noi non conosciamo nella vita corrente, che non sappiamo né dove né come abbiamo appreso, che si può riconoscere solo come il linguaggio degli angeli". Sebbene con toni ricchi di entusiasmo giovanile (il poeta infatti

[3] Nella speculazione filosofica settecentesca la musica strumentale arrivò ad essere definita "gioco di sensazioni piacevoli" (Kant), "astratto arabesco" (Rousseau). Essa infatti non comunica nulla alla nostra ragione, non ha un contenuto intellettuale, morale, educativo, non ha potere altro che sui nostri sensi.

muore ai soli 25 anni), Wackenroder riassume quelli che saranno i temi di tutta la riflessione estetica romantica a partire da Schelling, passando per Hegel fino a Schopenhauer.

Sono questi i presupposti estetici e culturali su cui si muove la figura di Robert Schumann. Personalità fondamentale del panorama romantico, si interessò, lungo la sua travagliata e breve vita, a molteplici forme di espressione artistica dedicandosi con particolare interesse alla musica e alla letteratura. Fortemente influenzato dall'opera di Jean Paul Richter e E.T.A. Hoffman, Schumann affiancò alla sua attività di compositore, pianista e direttore d'orchestra l'interesse per la critica musicale. È infatti proprio dai suoi scritti, in riferimento soprattutto alla rivista fondata da lui stesso nel 1834 la *Neue Zeitschrift für Musik*, che siamo in grado di comprendere le linee guida del pensiero schumaniano (nonché, più in generale, della critica musicale tedesca).

Inizialmente avviato alla carriera pianistica, un errato sistema per costringere le sue dita a più ampie articolazioni gli impedì di proseguire con sicurezza la professione strumentale costringendolo a dedicarsi interamente all'attività compositiva. L'opera schumaniana si articola in diversi ambiti compositivi: la produzione pianistica, la produzione liederistica dunque quella sinfonica e cameristica. Le prime opere vedono nel pianoforte il principale veicolo espressivo della sua sensibilità giovanile.[4] Qui il suo grande talento pianistico si traduce in pagine di massima fioritura musicale. È interessante notare come il pianoforte, strumento romantico per eccellenza, non sia sinonimo in Schumann di uno spensierato virtuosismo, come poteva esserlo in Liszt, bensì, alla stregua del coetaneo Chopin, un mezzo per dare voce alle intimità più profonde dell'animo. La fervente personalità romantica di Schumann si rivela in egual modo nell'ampia produzione liederistica. Fortemente ispirato dalla personalità di Clara, sua amata compagna dal 1840, scriverà pagine di grande intensità lirica e musicale come i cicli op. 24 e op. 29: *Frauenliebe e Dichterliebe*. È qui che la sua forte passione letteraria e poetica, in riferimento soprattutto all'opera di Heine e Jean Paul Richter, si sposa in un esempio di perfetto connubio con la sua poetica musicale. Suo principale punto di riferimento nell'ambito liederistico è senz'altro Schubert, autore fondamentale nella produzione liederistica dopo Beetho-

---

[4] Si vedano a tal proposito alcune delle principali raccolte pianistiche fino all'op. 17: *Variazioni sul nome "Abegg"* op. 1, *Papillons* op. 2, *Carnaval* op. 9, *Kinderszenen* op. 15, *Kreisleriana* Op. 16.

ven. Schumann però, pur prendendo le mosse dall'opera schubertiana, ripensa radicalmente le caratteristiche formali e compositive dei suoi Lieder. In primo luogo il Lied di Schumann non è più *strofico* come in Schubert, bensì una *Durchkomponiert*; in cui le strofe non sono più sorrette da un'unica melodia ma da più idee melodiche. L'interagire tra melodia e accompagnamento, inoltre, non rispecchia più i canoni compositivi classici: il pianoforte di fatti, non più ridotto ad uno strumento accompagnatore, partecipa costantemente con la voce solista alla creazione di una comune linea melodica. Conseguentemente si assiste a sporadici tentativi, così come nella produzione pianistica, di annullare la percezione della scansione per battute e ad un uso sempre più coloristico del materiale armonico, uscendo da quella logica strutturale che la tradizione compositiva classica aveva attribuito all'armonia. In definitiva il Lied di Schumann giunge ad una libertà di concezione formale e compositiva inedita. Questa nuova estetica si traduce in una scrittura essenzialmente frammentaria. Il frammento, proiezione di infiniti significati, rappresenta una struttura compiuta in sé stessa e si configura come la nuova cifra del pensiero romantico.[5]

Ambito nel quale si assiste ad una preziosa sintesi delle caratteristiche compositive di Schumann è senz'altro la musica da camera. È in questa dimensione più intima e ristretta che Schumann può curare minuziosamente il dialogo strumentale. Stimolato dalla coeva produzione cameristica di Mendelssohn (in particolare dall'op. 44), Schumann avviò a partire dagli anni '40 una profonda riflessione sul genere della musica da camera, che lo portò nel 1842 ad affrontare la scrittura dei primi quartetti e quintetti per archi (*Quartetti* per archi op. 41, *Quintetto* in mi bem. magg. op. 44, *Quartetto* in mi bem. magg. op. 47). Si percepisce chiaramente un perspicuo influsso della tradizione classica, in particolar modo dell'opera beethoveniana, che rivela uno studio attento della tradizione da parte di Schumann. Sono databili ad un secondo anno dedicato alla musica da camera nella carriera di Schumann, il 1849, altri lavori cameristici che indagano su nuovi insiemi strumentali e originali amalgami sonori. Sono di questo periodo ad esempio i *Fantasiestücke* per clarinetto e pianoforte op. 73, le *Drei Romanzen* per oboe e piano-

[5] È possibile affermare che il "creatore" del frammento fu Friedrich Schlegel, il quale fornì, di tale forma, questa definizione: "Un frammento, simile a una piccola opera d'arte, dev'essere completamente separato dal mondo circostante e perfetto in sé medesimo come un riccio".

forte op.94, i *Fünf Stücke im Volkston* per violoncello e pianoforte op. 102. La composizione di questi piccoli pezzi, quasi delle miniature strumentali, è un'evidente espressione dell'esperienza maturata da Schumann in ambito liederistico. Determinante per la comprensione della poetica di questi lavori è la destinazione domestica che Schumann aveva in mente (vedi par. 2.2). Si evince chiaramente una particolare attenzione al "tono", all'"atmosfera" del pezzo musicale, raggiunti attraverso un uso consapevole delle linee melodiche e delle strutture armoniche. Queste ultime trovano la loro giustificazione in precisi riferimenti a "situazioni poetiche", collegate tra di loro fondamentalmente su una giustapposizione basata sul contrasto.

2. La *Hausmusik* nella cultura tedesca di metà ottocento

Nonostante nel fervido clima culturale del romanticismo tedesco si prediligessero forme compositive "monumentali" in grado di portare ad alti livelli l'espressione musicale, particolare interesse fu dedicato da alcuni autori alla musica da camera. Quest'ultima infatti, che conobbe il suo massimo sviluppo nel periodo classico, fu considerata da musicisti del calibro di Mendelssohn, Schubert, Schumann e Brahms come genere musicale in grado di mettere in luce le potenzialità espressive di ogni singolo strumento inserite in un ristretto insieme strumentale.

Tale produzione trova un'importante espressione nelle "Domeniche musicali" di casa Mendelssohn. È proprio in questo contesto "domestico", della prima metà dell'ottocento, che numerose composizioni del compositore amburghese furono spesso eseguite (i sei Quartetti, due Quintetti, due Trii per pianoforte e archi, alcune Sonate per strumento e pianoforte). La produzione cameristica di Mendelssohn fa evidente richiamo alla sapienza compositiva della tradizione, in particolare ai modelli di J. S. Bach e Beethoven. L'ambiente di casa Mendelssohn rappresentò un fulcro fondamentale della vita culturale tedesca: frequenti infatti erano le visite dei fratelli von Schlegel, Hegel ed Heine.

Fu proprio nel fertile ambiente di Lipsia che il giovane Schumann conobbe Mendelssohn. Nel 1835 Mendelssohn era stato appena nominato direttore del Gewandhaus di Lipsia, dando inizio alla rinomata stagione del rinascimento bachiano[6]; negli stessi anni il giovane Schumann varcò le soglie dell'importante istituzione lipsiense con un primo tempo di Sinfonia. Tra i due nacque una profonda amicizia che portò ben presto Robert Schumann a contatto con l'ambiente culturale di casa Mendelssohn.

L'esperienza di Lipsia contribuì senz'altro ad aumentare l'interesse di Schumann nei confronti della musica da camera. Risalgono infatti ai primi anni quaranta dell'ottocento (1842) - citati nel primo paragrafo - le prime composizioni cameristiche: i *Quartetti* op. 41, il *Quintetto* con pianoforte op. 44, il *Quartetto* con pianoforte op. 47. Tali composizioni

[6] Risale al 1829 l'esecuzione della *Matthäus-Passion* di J.S. Bach sotto la direzione di F. Mendelssohn. È in quest'epoca (1851) che fu inoltre completata la prima edizione completa delle opere di Bach promossa dalla *Bach-Gesellschaft*.

rappresentarono per Schumann, considerato e stimato fino ad allora per la sua produzione pianistica, un importante banco di prova dove poté sperimentare nuove forme e contesti espressivi.

Alla fine del 1844 Schumann abbandonò Lipsia per Dresda. Nella nuova cittadina tedesca assunse la direzione del *Liedertafel*, la locale società filarmonica, e successivamente, fondò una società corale mista. Gli anni di Dresda furono segnati da un'intensa attività compositiva nonostante le sempre più precarie condizioni di salute e l'ambiente instabile rivoluzionario che caratterizzava la situazione politica e sociale di quegli anni. Egli, profondamente colpito dagli scontri rivoluzionari, constata che i luoghi terreno di rivoluzioni "non sono sede dell'artista", ritraendosi così, come un bozzolo, dalle agitazioni della vita prosaica. Malgrado quindi le terribili vicende esterne, gli anni 1848-1849 rappresentano i più fruttuosi dell'attività compositiva di Schumann. Si inscrive in questo contesto l'ampia produzione di musica da camera che venne alla luce in questo periodo. Tali composizioni rappresentano un evidente tentativo di evasione realizzabile in una dimensione intima e domestica. Sono infatti opere destinate ad un consumo privato, alla pratica della *Hausmusik*, elemento alla base della cultura musicale tedesca. È necessario dunque far riferimento a questo contesto, al piacere del "far musica insieme", per poter comprendere l'orizzonte poetico di questi lavori. Il loro limitato contenuto, le diverse soluzioni strumentali (a parte l'accompagnamento pianistico), una scrittura introspettiva mai volta ad un effimero virtuosismo sono tutte caratteristiche che trovano la loro ultima giustificazione in questa dimensione "domestica" a cui fanno riferimento. È il caso delle sopracitate *Drei Romanzen* per oboe e pianoforte op. 94, scritte da Schumann come dono di Natale per Clara, eseguite principalmente dall'oboe ma non di rado dal violino o dal clarinetto; dei *Fünf Stücke im Volkston* per violoncello e pianoforte op. 102, dei *Märchenerzählungen* op. 132, quattro pezzi per clarinetto (o violino), viola e pianoforte; e ovviamente dei nostri *Fantasiestücke* per clarinetto e pianoforte op. 73, dei quali si parlerà più approfonditamente nel prossimo paragrafo.

3. Analisi dei *Fantasiestücke* per clarinetto e pianoforte op. 73

I *Fantasiestücke* per clarinetto e pianoforte op. 73, inizialmente conosciuti come *Soireestücke*, si articolano in tre sezioni contrastanti tra loro: *Zart und mit Ausdruck - Lebhaft, leicht - Rasch, mit Feuer*. L'iter compositivo è evidentemente caratterizzato da un climax ascendente, che vede accrescere la tensione in una accelerazione progressiva del tempo da una sezione all'altra. Tutte le tre sezioni presentano una struttura comune: un A-B-A con Coda. È interessante rilevare, per una comprensione e valutazione complessiva dell'opera, che Schumann scrisse questi pezzi con l'ausilio di un violino e non li ascoltò mai con il clarinetto. Ci viene testimoniato nelle memorie del nipote Ferdinand Schumann, nipote di Robert e Clara, datate novembre 1894: "[...] la nonna e Mühlfeld eseguirono i *Fantasiestücke* per clarinetto e pianoforte op. 73 del nonno. In occasione di una passeggiata la nonna [...] richiamò la mia attenzione sul fatto che il violino non può costituire un surrogato del clarinetto. Perfino il nonno avrebbe avuto tutt'altra impressione di questi brani se li avesse ascoltati nell'esecuzione con il clarinetto, e non con il violino come sovente accade, a causa della difficile reperibilità di uno strumentista a fiato [...]."[7] Ciò non deve indurre alla conclusione che Schumann fosse non curante dei problemi tecnici e particolari dello strumento per cui scriveva, piuttosto deve essere valutata come un'importante testimonianza ai fini di una più consapevole comprensione della genesi di questa opera.

Il primo movimento "Tenero e con espressione", al pari degli altri movimenti, è caratterizzato da un moto incessante di terzine affidate al pianoforte su cui progressivamente si stagliano frammenti melodici condivisi.

Esempio 1: I movimento, bb. 1-3.

[7] Schumann 1915: Ferdinand Schumann. *Erinnerungen an Johannes Brahms*. 1894, 1895, 1896, "Neue Zeitschrift für Musik", XXCII/26-28 1915, pp. 227-228.

Il lirismo nostalgico di questo movimento è evidente manifestazione della tonalità d'impianto, La minore, nonché delle frequenti modulazioni presenti. La tensione del discorso arriva a distendersi nelle ultime tre battute in La maggiore, conclusione luminosa che fa prevedere il "Vivace, gioioso" del secondo movimento.

Risulta complesso e forse improprio, anche a seguito di un'attenta analisi analitico-formale, inquadrare il discorso schumaniano in rigide divisioni tematiche che - a mio giudizio - svilirebbero l'anima del processo compositivo di Schumann. Nonostante ciò risulta necessario avere chiaro, soprattutto a fini esecutivi, l'organizzazione interna delle *aree tematiche* in cui si articola il discorso. Ecco quindi un possibile prospetto del primo movimento:

Sezioni	A	B	A[1]	Coda
Inizio	1-28	28-37	37-57	58-69
No. di misure	28	10	21	12
Tonalità	La min.	La min.	La min.	La min. La magg.

Tabella 1: Analisi strutturale I movimento "Zart und mit Ausdruck"

Il secondo movimento, decisamente gaio e spensierato nella tonalità di La maggiore, è fondato anch'esso da una fitta trama di terzine che ospita sin dalle prime battute del pianoforte un evidente spunto melodico. In questo movimento il discorso si inserisce in una logica schematica che vede costante il dialogo tra i due strumenti.

L'incipit della sezione centrale, in Fa maggiore, ne è un chiaro esempio: qui il pianoforte e il clarinetto dialogano, quasi scherzando, in un gioco di imitazione reciproca passandosi vicendevolmente piccoli gruppi di terzine.

Esempio 2: II movimento, bb. 27-29.

Solo nella Coda "Poco a poco più calmo" il fitto dialogo trova una temporanea dimensione di quiete, prima di terminare nello slancio conclusivo del terzo movimento.

Sezioni	A	B	A[1]	Coda
Inizio	1-26	27-34 / 35-50	51-63	64-73
No. di misure	26	48	13	10
Tonalità	La magg.	Fa magg. Do magg. La min.	La magg.	La magg.

Tabella 2: Analisi strutturale II movimento "Lebhaft, leicht"

Con il terzo movimento "Rapido e con fuoco" si raggiunge l'apice tensivo del percorso compositivo dei tre pezzi. In quest'ultima sezione lo slancio passionale e l'irrequietudine romantica permeano ogni battuta. Questa dimensione impetuosa è frutto di forti contrasti dinamici ed espressivi. Ricorrenti in quest'ultima sezione sono i "piano" improvvisi dopo un "forte" o dopo un "crescendo" (b. 10, bb. 37-38), i numerosi sforzati e accenti che contribuiscono a restituire una forte dinamicità discorsiva. Non mancano ad ogni modo momenti più intimistici e raccolti interposti alle varie sezioni (bb. 24-45). Con la Coda si assiste infine ad una progressiva e costante intensificazione del discorso, diretta conseguenza del passaggio da terzine a quartine del moto pianistico nonché dalle ripetute indicazioni "Più veloce" presenti a battuta 76 e 91.

Sezioni	A	B	A[1]	Coda
Inizio	1-25	24-45	45-68	68-98
No. di misure	25	22	24	31
Tonalità	La magg.	La min.	La magg.	La magg.

Tabella 3: Analisi strutturale III movimento "Rasch und mit Feuer"

È interessante notare come questi tre diversi movimenti siano in stretta relazione tonale tra loro: il primo in La minore, il secondo e il terzo in La maggiore. Tale relazione è enfatizzata inoltre in modo chiaro dall'indicazione che Schumann giustappone al termine di ogni sezione: "attacca". I costanti riferimenti tematici all'interno delle varie sezioni rappresentano senza dubbio, ancora una volta, l'esplicita volontà di creare un discorso musicale unitario. Ne sono un chiaro esempio la similitudine tra il frammento tematico delle prime quattro battute della prima sezione con le prime due battute della seconda sezione; o ancora, il materiale tematico del clarinetto in apertura del secondo movimento (bb. 2-5) che verrà chiaramente ripreso ed elaborato nella coda del terzo movimento (bb. 78-80). Questi continui riferimenti tematici interni, l'incessante movimento di terzine, l'uso della stessa chiave e dello stesso metro, nonché della stessa forma compositiva consolidano questi tre pezzi in una coerente logica unitaria scaturita da chiaro ed organico processo compositivo proprio del pensiero musicale schumaniano. È infine necessario sottolineare l'assoluta parità tra i due strumenti; entrambi infatti prendono parte, senza prevalere mai l'uno sull'altro, ad una costruzione melodica condivisa.

III. Brahms e la *Sonata* in mi bemolle maggiore per clarinetto e pianoforte op. 120 n. 2

1. La produzione e la poetica musicale brahmsiana

"Ed è arrivato, sangue fresco la cui testa fu vegliata dalle Grazie ed Eroi, Si chiama Johannes Brahms, viene da Amburgo, dove creava in oscuro silenzio ma essendo formato ai canoni più ardui dell'arte [...]. Egli possedeva, anche esteriormente, tutti i segni che lo annunciano come eletto. Seduto al pianoforte, cominciò a svelare regioni meravigliose. Venimmo attratti in cerchi sempre più magici. Sorse un suono così geniale da trasformare il pianoforte in un'orchestra di voci ora gementi, ora esultanti."

Con queste parole, apparse nell'articolo "Neue Bahnen" ("Vie Nuove") sulla rivista *Neue Zeitschrift für Musik* (vedi cap. 2) nell'ottobre del 1853, Robert Schumann presentava il giovane Brahms alla società musicale tedesca, riconoscendo nella sua personalità "qualcuno che fosse chiamato a dar voce in maniera ideale alla più alta espressione del tempo".

Il Brahms ventenne di cui scrive Schumann è appena nella sua fase aurorale compositiva. L'orizzonte tecnico-stilistico di questo primo periodo è infatti ristretto alle composizioni per pianoforte, strumento a lui più vicino, e all'ambito liederistico. Risalgono infatti ai primi anni '50 le sue *Sonate* per pianoforte op. 1, op. 2 e i *Sei Gesänge* op. 3. Queste prime composizioni restituiscono l'immagine di un Brahms vincolato a costringere un'indole impetuosa entro forme equilibrate. Dovranno passare alcuni anni prima che egli si spinga verso nuove sonorità e nuovi generi; risalgono infatti agli anni 1859-1862 i primi tentativi in ambito cameristico: i due *Quartetti* con pianoforte op. 25 e op. 26. Fondamentale per queste prime esperienze fu l'incontro con il violinista Joseph Joachim, al quale fu legato per tutta la vita e che rappresentò un costante punto di riferimento nella sua ricerca compositiva.

Questo processo graduale e metodico, da forme semplici alle più complesse, mostra in Brahms la chiara consapevolezza di una gerarchia dei generi al cui vertice egli pone la sinfonia. Emerge quindi l'esigenza di Brahms di studiare a fondo tutte le potenzialità tecniche e formali di un genere prima di affrontarne uno nuovo.

Come noto lo stile compositivo di Brahms è caratterizzato da un uso rilevante delle tecniche del contrappunto di ascesa tradizionale nonché da una forte devozione all'ideale di forma proprio del mondo classico. Questo suo iscriversi nel segno della tradizione "classica" lo costrinse, suo malgrado, nelle file del conservatorismo antiwagneriano. Nonostante la sua vicinanza all'ambiente di Eduard Hanslick, teorico dell'estetica formalista, Brahms non prese mai parte a nessuna forma di attiva polemica che evidentemente trovò nell'ottuso fanatismo, e quindi in nessuna conferma reale, la sua ragione di esistere. Risulta necessario a tale proposito ricordare l'articolo "Brahms il progressivo" di Arnold Schönberg.[8]

Nelle brevi pagine dell'articolo, Schönberg dimostra l'effettiva nonsussistenza di questa dicotomia, riconoscendo in Brahms - il classicista, l'accademico - un grande innovatore nella sfera del linguaggio musicale, comprovando così il suo vero essere progressivo. Brahms infatti ripensa totalmente i parametri metrici, le strutture armoniche ma, soprattutto, la complessità della forma e della struttura. In particolare alla base del suo processo compositivo vi è la tecnica della variazione: un procedimento di sviluppo motivico ottenuto mediante una germinazione progressiva e una continua trasformazione di un intervallo, di una cellula tematica o ritmica. Questa tecnica della variazione in sviluppo (*entwickelndeVariation*), come la definì Schönberg, assurge in Brahms a principio formale, a procedimento d'integrazione dell'intero discorso musicale. L'intera opera brahmsiana si fonda quindi sull'esigenza di elaborare una singola cellula ritmica-melodica collocata a fondamenta dell'intera composizione.

Questo particolare processo compositivo derivò chiaramente dallo studio attento dei modelli passati, riconoscendo nella figura di Beethoven il principale punto di riferimento: è infatti proprio dallo studio attento dell'opera sinfonica beethoveniana, prendendo a modello la *Sinfonia* n. 3 *Eroica*, che Brahms acquisì un'importante lezione sulla tecnica della variazione. Allo stesso tempo però l'insuperata produzione sinfonica di Beethoven rappresentò per l'intera vita di Brahms una presenza con cui confrontarsi continuamente e che gli impedì per lungo tempo di cimentarsi nel genere sinfonico. Sebbene i primi schizzi risalgono al 1862, Brahms fece il suo debutto sinfonico ormai quarantenne nel 1876, con la *Prima Sinfonia* in do minore op. 68. Il sinfonismo brahmsiano, che troverà il suo culmine nella *Quarta Sinfonia* in mi minore op. 98, sin dal

[8] Articolo scritto nel 1933, contenuto nel volume *Stile e Idea. Saggi critici di musicologia*.

suo esordio fu considerato dai contemporanei il più degno continuatore della tradizione beethoveniana. L'eredità di Beethoven ricevuta da Brahms consiste evidentemente nella mirabile e consapevole costruzione formale nonché dal sopracitato principio dell'elaborazione tematica. Nonostante Brahms prenda le mosse da questi elementi cardine la sua poetica si sviluppa, soprattutto dal punto di vista costruttivo, in una direzione ormai pienamente romantica configurandosi più spesso in una dimensione lirica piuttosto che drammatica. La sua orchestra difatti, densa e pletorica, ha molto più in comune con quella di Wagner che con quella di Beethoven. È giusto affermare quindi che la produzione sinfonica di Brahms rappresenta il massimo grado di espressione della tradizionale forma della sinfonia ottocentesca concludendo così l'ampia parabola del romanticismo musicale.

Insieme all'ambito sinfonico senza dubbio la produzione cameristica, estesa lungo tutto l'arco della sua vita artistica, ha ricoperto un ruolo fondamentale nello sviluppo della poetica e della tecnica compositiva di Brahms. Prendendo costantemente le mosse dal pianoforte, la musica da camera in Brahms è dominata da una forte esigenza di densità armonica e pienezza sonora. Sono da ricordare a tale proposito nel primo periodo cameristico il *Quintetto* con pianoforte op. 34, i 2 *Quartetti* per soli archi op. 51 così come i *Sestetti* per archi op. 18 e 36 e il *Trio* per pianoforte, violino e violoncello op. 8. In queste pagine si riconoscono in modo chiaro i modelli del classicismo viennese, soprattutto di Haydn e di Beethoven, che Brahms arricchisce su un piano armonico ampliandone le dimensioni. Sono composizioni caratterizzate da una faticosa ricerca dell'equilibrio formale che viene continuamente messo in crisi da una prolifica creazione melodica scontrandosi costantemente con le strutture classiche di stampo beethoveniano. Da collocare in un secondo periodo sono invece le 3 *Sonate* per violino e pianoforte op. 78, 100, 108, gli ultimi 2 *Quintetti* per archi op. 88 e 111, il *Trio* e il *Quintetto* con clarinetto op. 114 e 115 ed infine le 2 *Sonate* per clarinetto e pianoforte op. 120. In questa produzione propria della maturità, si riconoscono le più alte espressioni dell'arte compositiva brahmsiana, espressione diretta di una straordinaria pregnanza espressiva e di una profetica inquietudine armonica e timbrica.

2. Il ruolo del clarinetto nella produzione cameristica brahmsiana

Brahms manifestò particolare interesse per il clarinetto solo in piena età matura, nel suo ultimo periodo creativo. Risalgono infatti agli anni 1891-1894 le sue quattro composizioni cameristiche dedicate al clarinetto: il *Trio op. 114*, il *Quintetto op. 115* e le due *Sonate op. 120*. È interessante notare come già Mozart e lo stesso Schumann, di cui abbiamo trattato in precedenza, rivolsero la loro attenzione al clarinetto solo negli ultimi anni della loro vita: Mozart scrisse il *Quintetto* per clarinetto e archi KV 581 nel 1789 e il *Concerto* per clarinetto KV 622 nel 1791, anno della sua morte; Schumann, che morirà nel 1856, compose i sopracitati *Fantasiestücke* per clarinetto e pianoforte op. 73 nel 1849 *e i Märchenerzählungen* per clarinetto, viola e pianoforte op. 132 nel 1853. Risulta chiaro quindi che il clarinetto rappresentò lo strumento ideale, grazie alla sua calda e variegata espressività, per i compositori ormai giunti nel pieno della loro maturità artistica.

Le quattro composizioni per clarinetto di Brahms risultano essere accomunate, oltre alla prossimità temporale, sotto diversi punti di vista. Esse infatti furono tutte composte nei soggiorni estivi a Bad Ischl, località del salisburghese tanto amata dal compositore; furono inoltre pubblicate tutte dal medesimo editore: Fritz Simrock di Berlino, che seguì, supervisionato dall'occhio attento di Brahms, lo stesso iter di correzione e revisione.

Figura centrale per la comprensione della genesi di queste opere risulta essere quella del collega e amico clarinettista Richard von Mühlfeld, grazie al quale Brahms entrò in stretto contatto con il repertorio clarinettistico conoscendo sempre più approfonditamente le caratteristiche di questo strumento. Testimonianza di questo profondo sodalizio e autentica amicizia è la missiva del 19 dicembre 1891 inviata da Brahms a Mühlfeld: "Caro ed egregio signore, nei prossimi giorni vi giungerà una copia di entrambe le parti. Posso a malapena dirle con quanti ringraziamenti vi giunge questa spedizione. Il nostro stare insieme e il nostro fare musica insieme è stata per me una delle esperienze artistiche più belle e felici e resterà per sempre un ricordo di valore. [...]."[9]

È infatti proprio grazie al lavoro comune compiuto con Mühlfeld che Brahms poté apportare numerose modifiche alle sue opere per clarinetto: tali correzioni nascono direttamente dalla conoscenza dei problemi esecutivi scaturiti durante le prove e le prime esecuzioni, permettendo a Brahms di rivedere le proprie opere con la consapevolezza dei respiri necessari, degli equilibri sonori delle voci, delle scelte di tessitura e nondimeno dei limiti esecutivi del clarinetto. A tale proposito vale la pena sottolineare l'importanza fondamentale delle prime esecuzioni nella fissazione del testo delle opere brahmsiane. Per quanto riguarda il *Trio* op.114 e il *Quintetto* op. 115 furono circa una decina, mentre per le *Sonate* op. 120 circa otto. Si comprende quanto il processo compositivo brahmsiano metta così in stretta relazione il piano esecutivo-interpretativo con il piano testuale, coniugando quindi il livello legato alla transitorietà e alla soggettività dell'esecuzione con il livello stabile e oggettivo del testo.

La produzione brahmsiana a tal proposito risulta essere, in tutta la letteratura clarinettistica, uno dei pochi casi in cui si percepisce una chiara intenzione nel cogliere e compenetrare a fondo le caratteristiche e le peculiarità dello strumento per cui si scrive. A testimonianza di questo aspetto risulta utile menzionare la lettera scritta da Brahms ed inviata a Joachim datata 17 ottobre 1894, all'interno della quale viene menzionata la versione per viola delle due *Sonate* per clarinetto op. 120: "[...] temo che le Sonate per viola siano due brani molto spiacevoli e goffi. Questo mi ricorda la recondita collera che provai quanto tu con la massima semplicità e occasionalmente mi dicesti di avere eseguito il mio *Quintetto* per clarinetto come *Sonata* per violino. Perché ci si prende la fatica di scrivere in certo qual modo razionalmente? [...]."[10] È chiaro quindi che spesso le trascrizioni delle sue opere, pur essendo autorizzate e accettate dallo stesso Brahms, nascevano da una duratura consuetudine editoriale e dal puro interesse economico dell'editore, non rispecchiando la maggior parte delle volte l'idea compositiva primaria dell'opera.

---

[9] Dal manoscritto privato (copia negli Staatliche Museen Meiningen, abteilung Musikgeschichte). Citata in Fellinger 1981, p.79.

[10] In Brahms Briefe VI, p.295: *Johannes Brahms im Briefwechsel mit Joseph Joachim*, hrsg. von Andreas Moser, Deutsche Brahms-Gesellschaft, Berlin 1912-1921; rist. Schneider, Tutzing 1974 (Brahms-Briefwechsel, 5-6).

3. Analisi della *Sonata* in mi bemolle maggiore per clarinetto e pianoforte op. 120 n. 2

"[...]. È veramente magnifico sapere che Mühlfeld ti ha stimolato a scrivere nuove musiche da camera. [...]"[11]

Queste "nuove musiche da camera" di cui scrive Joachim rispondendo nell'ottobre del 1894 ad una lettera di Brahms sono proprio le *Sonate* per clarinetto e pianoforte op. 120.

Come si desume dalle parole della lettera, queste due nuove composizioni vennero alla luce, grazie allo stimolo dell'amico clarinettista Mühlfeld, a seguito di un periodo in cui Brahms aveva più volte manifestato l'intenzione di smettere di comporre.

Eseguite per la prima volta in forma privata nel settembre 1894, le due *Sonate* in fa minore e in mib maggiore rappresentano all'interno della produzione cameristica brahmsiana una delle più alte espressioni della sua maturità artistica in cui si distingue un linguaggio romantico intimo e riflessivo teso verso i sentimenti più semplici e delicati.

Questa dimensione intima e cantabile si avverte sin dalle prime battute dell'Allegro amabile della *Sonata* n. 2 in mi bemolle maggiore, caratterizzate da una linea melodica di rara sinuosità.

Esempio 3: I movimento, bb. 1-4.

È a partire da questi primi spunti ritmico-melodici che Brahms avvia un processo di trasformazione ed elaborazione da cui si manifestano la costruzione di estesi contesti melodici. Dopo una fase di transizione, costruita a partire dalla prima idea tematica, si distingue una seconda area tematica (b. 22) dal carattere più meditativo rispetto alla luminosità della prima. Segue così, un conciso sviluppo costruito su poche immagini essenziali, derivate essenzialmente dal materiale melodico proposto in

[11] Lettera di Joachim a Brahms, Berlino 15 ottobre 1894, in *Brahms Briefe* VI, pag. 294.

precedenza. Successivamente alla ripresa (b. 103), non del tutto simmetrica e a continue riproposizioni del primo tema variato, il movimento si chiude in un clima di nostalgica serenità con la coda Tranquillo (b. 162). Il secondo movimento, Allegro appassionato, si configura come uno Scherzo contraddistinto da intensi slanci melodici in netta contrapposizione al primo tempo. Il clima impetuoso dell'Allegro viene interrotto dalla sospensione lirica del Trio (Sostenuto), breve parentesi prima della ripresa del Tempo I, scandito da un motivo solenne impostato su una fitta trama di accordi compatti e profondi. Giunti al terzo movimento è interessante notare come Brahms unisca, senza soluzione di continuità, l'Andante con moto e l'Allegro finale, ottenendo una magistrale coerenza e unità formale. Il tema esposto nell'Andante, costruito chiaramente su progressioni di terze, viene variato quattro volte, aumentando progressivamente l'intensificazione del discorso attraverso una progressiva accelerazione del moto delle parti. L'Allegro, ulteriore variazione dal carattere irruente e passionale, prelude, prima di una momentanea diminuzione di velocità (Più Tranquillo), allo slancio finale della coda conclusiva. A partire dallo studio e dall'analisi di questa sonata è possibile estrapolare ed evidenziare alcune particolarità di scrittura nel processo compositivo brahmsiano. I segni di dinamica, le indicazioni espressive e di fraseggio svolgono nelle composizioni di Brahms una rilevante funzione semantica, in grado di modificare notevolmente il significato del materiale musicale. È proprio nella *Sonata* op. 120 n. 2 (vedi sopra) che si possono rilevare esempi di raffinatezza della scrittura brahmsiana: alle battute 48-58 del secondo movimento Brahms interviene contemporaneamente su due livelli distinti di fraseggio, un livello macro e uno micro, curando così la cantabilità orizzontale della frase e le legature di portamento:

Esempio 4: II movimento, bb. 55-58.

Nella scrittura brahmsiana si assiste inoltre sovente ad uno spostamento degli accenti sui tempi deboli grazie ad un uso raffinatissimo delle legature sia di frase che di portamento, creando in questo modo una sorprendente varietà e mobilità metrica. Altra peculiarità di scrittura consta nell'uso della differenziazione dinamica e delle indicazioni di espressioni al fine di rendere chiara la gerarchia e l'autonomia delle voci presenti. Ricorrenti sono le indicazioni espress., dolce, molto dolce sempre e l'uso di una condotta dinamica differente per individuare e far emergere la voce protagonista. È interessante, infine, valutare un uso preciso e puntuale delle indicazioni agogiche nelle composizioni brahmsiane allo scopo di identificare il più chiaramente possibile il carattere dei vari movimenti. Risale al gennaio del 1892 questa recensione firmata da E. Hanslick, amico ed estimatore di Brahms, in merito all'uso delle indicazioni agogiche soprattutto nella produzione matura brahmsiana: "Mentre Haydn e Mozart (inizialmente anche Beethoven) sottolineano i singoli movimenti principalmente per mezzo del contrasto, mettendo un sofferente Adagio accanto a un gaio Scherzo e chiudendo in ogni caso con un Finale impetuoso, sereno o passionale, in Brahms vediamo lo sforzo di avvicinare fra loro i quattro movimenti in un graduale percorso. Il vero e proprio Scherzo, in lui, si lascia appena intravedere, ancor meno il Minuetto, al cui posto si trova per lo più un Andantino quasi Allegretto, un Allegretto non troppo. Le moderate indicazioni 'non troppo', 'non assai', 'quasi' etc., sono caratteristiche del tardo Brahms, che non supera volentieri un certo livello di emozione e che preferisce evitare i contrasti netti piuttosto che cercarli."[12]

Per concludere è quindi chiaro come nella produzione brahmsiana il segno grafico e l'indicazione dinamica ed espressiva svolgano una funzione determinante per una comprensione profonda, coerente e filologica del pensiero musicale di Brahms.

[12] Cfr. "Neue Freie Presse", 12/01/1892; anche in Hanslick 1896, pp. 170-173.

Conclusioni

Con il presente lavoro, giunto alla sua conclusione, si è cercato di ricostruire la genesi di due opere centrali nel panorama del repertorio cameristico per clarinetto, nella consapevolezza di non poter essere esaustivi in poche pagine. A partire da uno studio comparato delle fonti biografiche e musicali, si sono potute tracciare le linee guida del contesto storico, artistico e filosofico in cui si sono mosse le personalità di Schumann e Brahms, individuando così le premesse del loro processo creativo. Si è quindi presa in esame la poetica di questi due autori, facendo particolare riferimento al linguaggio impiegato nell'ambito ristretto, ma non per questo inferiore, della produzione cameristica strumentale. Infine si è terminato con l'analisi dei due lavori, i *Fantasiestücke p*er clarinetto e pianoforte op. 73 e la *Sonata* n. 2 per clarinetto e pianoforte op. 120, cogliendo le principali caratteristiche del processo compositivo schumaniano e brahmsiano.

Durante questi anni in conservatorio ho avuto modo di apprezzare la ricchezza della produzione cameristica per clarinetto, entrando in contatto con alcune pagine di inestimabile valore musicale. A seguito di alcune considerazioni, ho scelto di studiare queste due opere per poter cogliere le infinite sfumature del linguaggio musicale romantico nell'ambito della musica da camera, mettendo di conseguenza in luce l'ampia gamma espressiva propria del clarinetto. In sede di studio e di prova sono andato costantemente alla ricerca del giusto equilibrio dinamico ed espressivo, così da rendere sempre intellegibile il fitto dialogo strumentale e poter di conseguenza valorizzare la cantabiltà di ogni voce. Ho trovato inoltre estremamente stimolante ed interessante poter andare oltre la dimensione della propria singola parte: al fine di restituire un'interpretazione coerente ed efficace è infatti basilare che ogni esecutore ponga regolarmente attenzione al contesto in cui si inserisce, valutando la propria linea melodica in relazione alle altre. Credo quindi sia necessario parlare, nel caso di questo repetorio, di un "virtuosismo espressivo" piuttosto che tecnico, in cui diventa fondamentale aver acquisito una sicura consapevolezza nella cura dell'articolazione, della qualità del suono e della gestione timbrica e coloristica dello strumento.

Lo studio qui conclusosi è inoltre espressione della mia forte convinzione che all'interno del processo interpretativo dell'esecutore debba necessariamente coesistere, al pari della preparazione tecnica e strumentale, una conoscenza storica, artistica e musicologica del repertorio affrontato, per poter in questo modo divenire esecutori consapevoli.

Ringraziamenti

Ringrazio con affetto il M° Daniele Rossi per avermi accolto in Conservatorio tre anni fa e aver sempre stimolato in me un approccio trasversale nello studio dell'arte musicale.

Ringrazio il M° Stefano Novelli che con pazienza ed affetto mi ha insegnato, sin dall'inizio, cosa significasse suonare uno strumento, costruendo le basi per uno studio consapevole.

Ringrazio inoltre tutti i docenti che in questi tre anni hanno contribuito alla mia formazione musicale, rendendosi sempre disponibili al confronto e al dialogo.

Infine un grazie particolare va alla mia famiglia: a mia mamma, mio papà e mia sorella che, sostenendomi sempre in ogni mia scelta, mi hanno permesso di studiare in serenità.

Bibliografia

J. Brymer. *Il clarinetto. Lo strumento, la sua storia e la tecnica esecutiva*, Franco Muzzio Editore, Padova 1984.

A. Edler. *Schumann e il suo tempo*, EDT srl, Torino 1992.

W. Frisch. *Brahms and the Principle of Developing Variation*, University of California Press 1990.

E. Fubini. *L'estetica musicale dal settecento a oggi*, Einaudi, Torino 1964.

A.M. Grassi. *Fraulein Klarinette. La genesi e il testo delle opere per clarinetto di Johannes Brahms*, Edizioni ETS, Pisa 2006.

G.M. Paone. *L'uso del clarinetto nelle opera serie di Rossini nel periodo napoletano*, Edizioni Efesto, Roma, 2018.

C. Rosen. *La generazione romantica*, a cura di G. Zaccagnini, Adelphi, Milano 1997

A. Schönberg. *Brahms il progressivo*, in Stile e Idea, PGreco Edizioni, Milano 2012

E. Surian. *Manuale di storia della musica* vol. II - III, Rugginenti, Milano 1992-1993.

www.ingramcontent.com/pod-product-compliance
Ingram Content Group UK Ltd.
Pitfield, Milton Keynes, MK11 3LW, UK
UKHW042011190726
13854UKWH00005B/2238

9 791280 708069